Der Bücherbär
Mein Lese- und Schreibtrainer

Liebe Eltern,

lesen und schreiben zu lernen, ist eine anspruchsvolle Aufgabe. Dazu gehört, dass man Buchstaben erlernt und einzelne Laute zu Wörtern, Sätzen und ganzen Geschichten kombinieren kann. Aber das ist längst nicht alles.

Lesen und Schreiben ist Verstehen. Kinder müssen also Wörter nicht nur erlesen, sondern auch ihren Sinn verstehen. Das klappt am besten, wenn sie sich für den Inhalt des Geschriebenen interessieren und sich selbst mit ihren Gefühlen und Erlebnissen einbringen können.

Lesen und Schreiben bedeutet auch Sprechen und Erzählen. Deswegen lernen Kinder, die viel Gelegenheit zum Sprechen haben, schneller lesen und schreiben.

In der Bücherbär-Reihe *Mein Lese- und Schreibtrainer* können sich die Kinder in für sie wichtige und fantasievolle Themen vertiefen. Die Aufgaben sind so gestellt, dass sie dem Lernvermögen der Kinder genau entsprechen. So gewinnen die Kinder Lese- und Schreibspaß von Anfang an – hoffentlich ein Leben lang.

Prof. Dr. Peter Conrady

Hochschullehrer an der Technischen Universität Dortmund
und Erfinder des Leselern-Stufenkonzepts

Barbara Sengelhoff

Abenteuer mit Ritter Lanzelot

Arena

Hallo!

Mit diesem Buch
lernst du noch besser lesen.
Die kleinen Bilder auf jeder Seite
sagen dir, was du tun sollst:

 schreiben

 malen

 basteln

 genau hinsehen

 genau hinhören

 laut sprechen

 selber lesen

 vorlesen lassen

Manche Seiten haben unten einen Stern .
Wenn du die Aufgabe mit Stern gelöst hast,
darfst du einen goldenen Stern
vorne in die Urkunde kleben.

Wenn ich einmal Ritter wäre

Das will ich über Ritter wissen

Schreibe und male.

Das weiß ich schon über Ritter

Eine Ritterburg

Zeichne:

eine Burg, vier Türme, zwei Fahnen, ein Tor.

Ein Pferd

Zeichne:

Das Pferd ist braun.

Der Sattel ist rot.

Wer ist das?

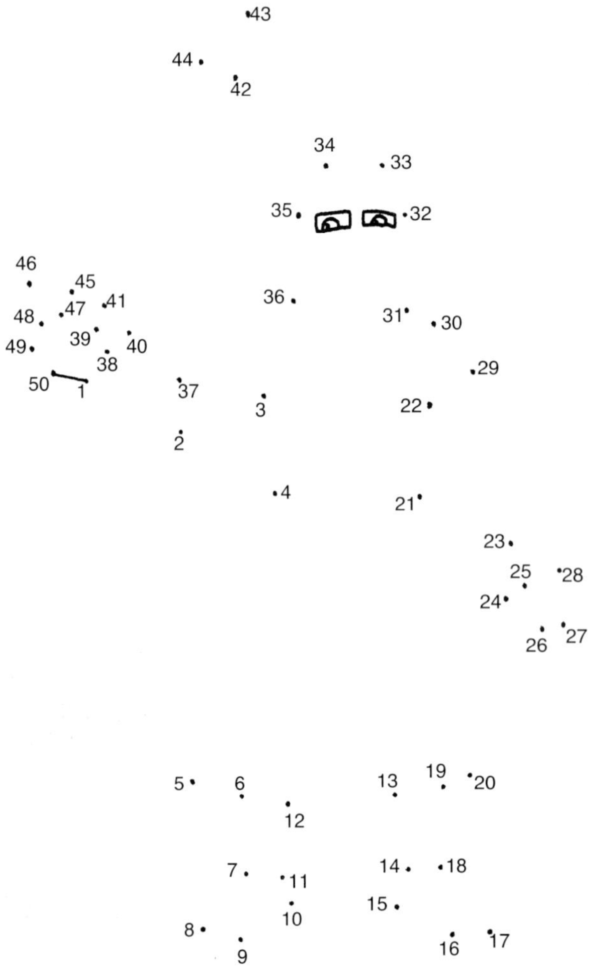

Verbinde die Punkte von 1 bis 50.

Es ist ein ______________ .

Das macht ein Ritter

mit dem Bogen schießen

jagen

mit dem Schwert kämpfen

reiten

den Schwachen helfen

Verbinde die Paare.

Entdecke die Burg!

Suche die kleinen Bilder im großen Bild.

Trage die Lösungsbuchstaben ein.

O
L
S
A
S
G
L
I
O
C
H
M
Z
W
D
B
T
I

So war es früher

Erzähle und schreibe.

So ist es heute

Erzähle und schreibe.

In der Burg

Erzähle und schreibe, male auch dazu.

Im Rittersaal

2	Ritter	3	Wappen	4	Schild
3	Krug	7	Schwert	2	Rüstung

Wie viele siehst du von jedem?

Zähle und trage ein.

Ritter sind gehorsam

Ritter lebten im Mittelalter.
Das war vor mehr als 500 Jahren!
Ritter waren fast immer mutig.
Und sie waren gehorsam und tapfer.
Sie versuchten auch,
immer hilfsbereit
und höflich zu sein.
Sie kämpften für ihren Herrn.
Das war ein Fürst oder ein König.

Dann bin ich gehorsam

Male und schreibe selbst.

Ein Ritter erzählt

Mit sieben Jahren wurde ich
auf eine fremde Ritterburg geschickt!
Da lernte ich alles,
was ein guter Ritter können muss:
reiten und kämpfen.
Ich lernte auch tanzen
und Schach spielen.
Warum?
Damit ich mich am Fürstenhof
gut benehmen konnte!

Das lerne ich mit sieben Jahren

Ich spiele am liebsten . . .

Ich lerne . . .

Schreibe auf.

Erst Page*, dann Knappe

Ich war erst ein Knappe,
das ist so etwas wie ein Diener.
Und das waren meine Aufgaben:
die Pferde versorgen,
den Tisch decken,
den Burgherren bedienen.

Manchmal durfte ich dem Ritter helfen,
die schwere Rüstung anzulegen.
Und ich übte,
mit dem Schwert zu kämpfen.
Aber alle Waffen waren aus Holz.
Nach sieben Jahren
wurde ich endlich KNAPPE.

Wie alt war der Ritter,
als er Knappe wurde? [14] **Jahre.**

*Page spricht man so: „Paasche“.

Wenn ich einmal groß bin

Das will ich werden:

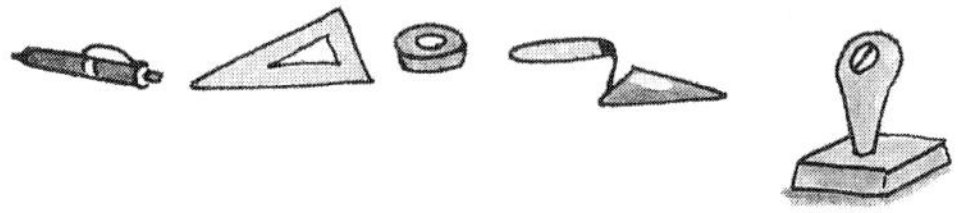

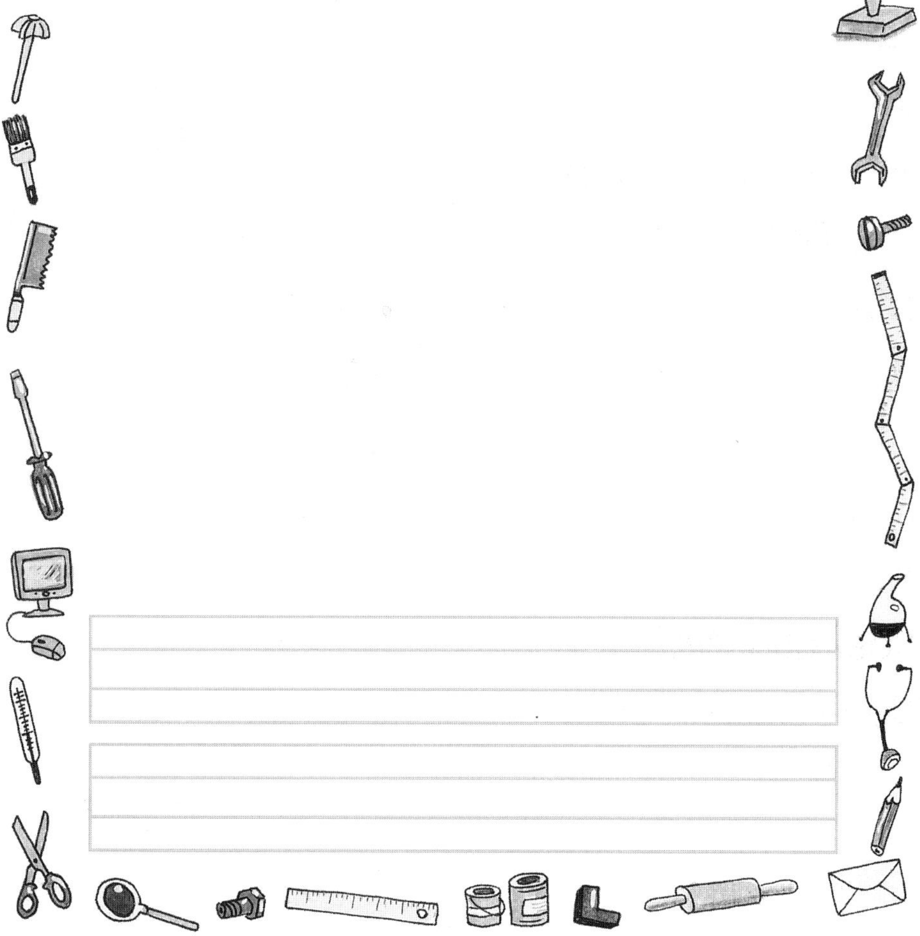

Male und schreibe auf.

Erst Knappe, dann Ritter

Mit 14 Jahren wurde ich ein KNAPPE.
Ich lernte reiten.
Und bald lernte ich auch,
mit scharfen Waffen zu kämpfen.
Ich musste auch noch
eine andere Sprache lernen!
Ich übte auch,
auf einem Instrument zu spielen.
Am liebsten zeigte ich meinen Mut
auf einem TURNIER.
Das war immer
ein spannender Wettkampf!

Meine Aufgaben

den Tisch decken

einkaufen

aufräumen

den Müll wegbringen

Verbinde.

Schreibe deine Aufgaben auf.

Endlich ein Ritter!

Mit 21 Jahren wurde ich endlich ein Ritter!
Es war ein großes Fest!
Ich bekam den RITTERSCHLAG:
Mein Lehrer gab mir
einen leichten Schlag in den Nacken.
Und ich bekam ein eigenes Schwert.

Wie lange dauerte die Ausbildung zum Ritter?

Kreuze an: ☐ **7 Jahre** ☐ **14 Jahre**

Mein großes Fest

Male und schreibe über ein Fest für dich.

Die Rüstung

das Visier

das Schulterstück

der Brustpanzer

der Schild

der Helm

das Kettenhemd

der Eisenschuh

Verbinde die Paare.

Da fehlt noch etwas

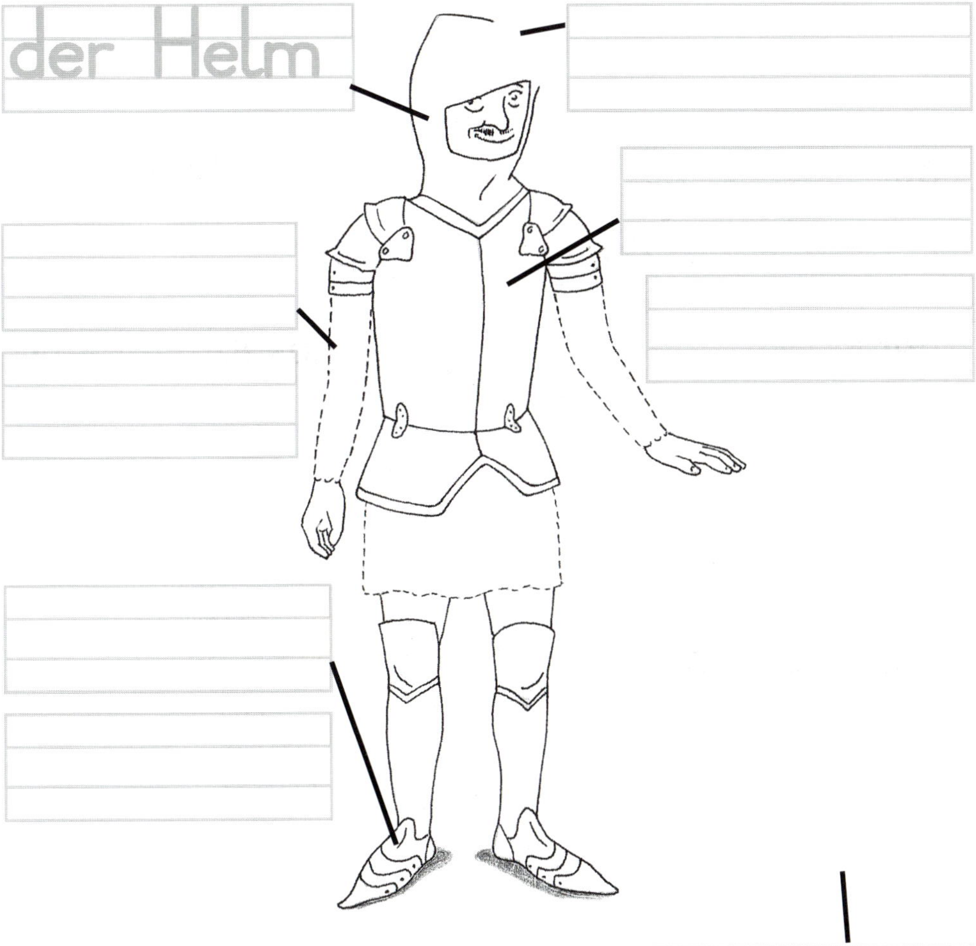

Zeichne, was fehlt.

Schreibe immer das Wort dazu.

Wörter lesen

das Schwert

der Schild

das Streitross

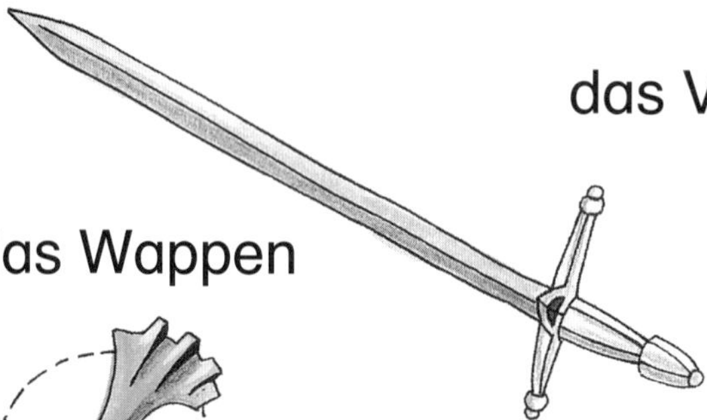

das Visier

das Wappen

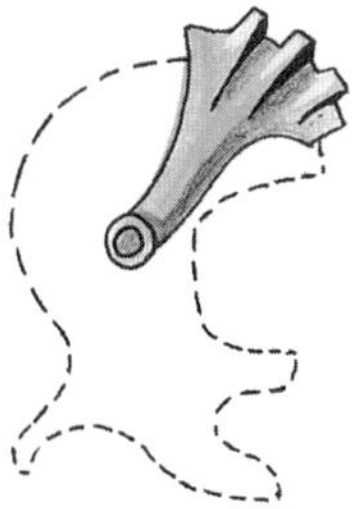

das Kettenhemd

Verbinde die Paare.

Wörter schreiben

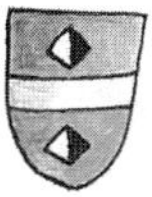

ein Wappen

zwei

drei

vier

fünf

sechs

Schreibe auf, und male Wappen dazu.

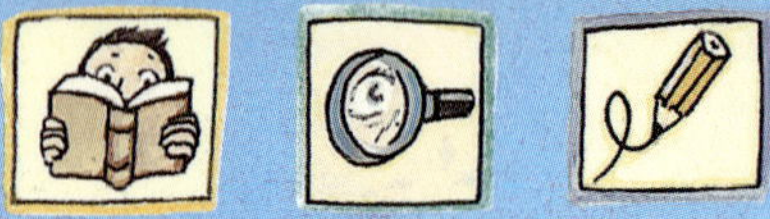

Wörter lesen und schreiben

der Turm

die Burg

die Fahne

das Tor

der Falke

Verbinde die Paare, schreibe die Wörter.

Wörter schreiben

der

der

das

Sprich, was du siehst. Notiere den ersten Laut.

Schreibe das Lösungswort zweimal auf.

Eine Rüstung anlegen

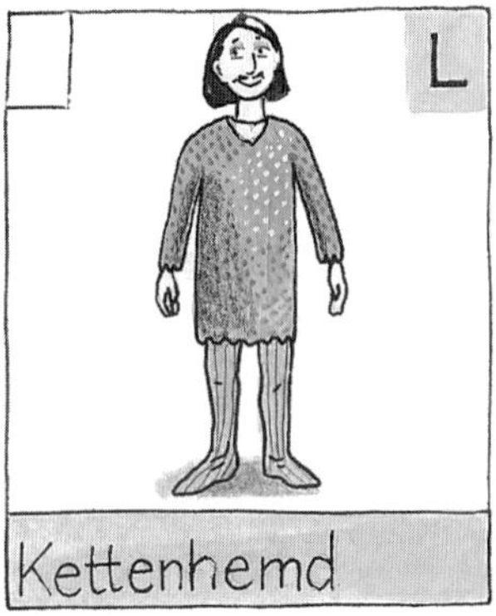

	1	2	3	4	5
LÖSUNGSWORT:					

Ordne die Bilder nach der Reihenfolge.

Trage die Buchstaben unten ein.

Wie heißt der Ritter?

Meine Sportkleidung

Manchmal ziehe ich mich so an:

Zeichne und schreibe.

Ritter haben Namen

Welche Namen gefallen dir?

Male deinen Ritter:

Pferde haben Namen

Welche Namen gefallen dir?

Male dein Ross:

Ritter haben Wappen

Ritter Liliental

Ritter Adlerfels

Ritter Rabenstein

Ritter Einhorn

Ritter Sternfeld

Welches Wappen passt zum Ritter?
Verbinde.

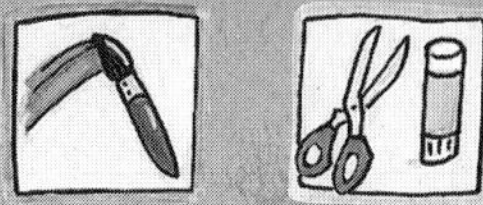

Mein Wappen

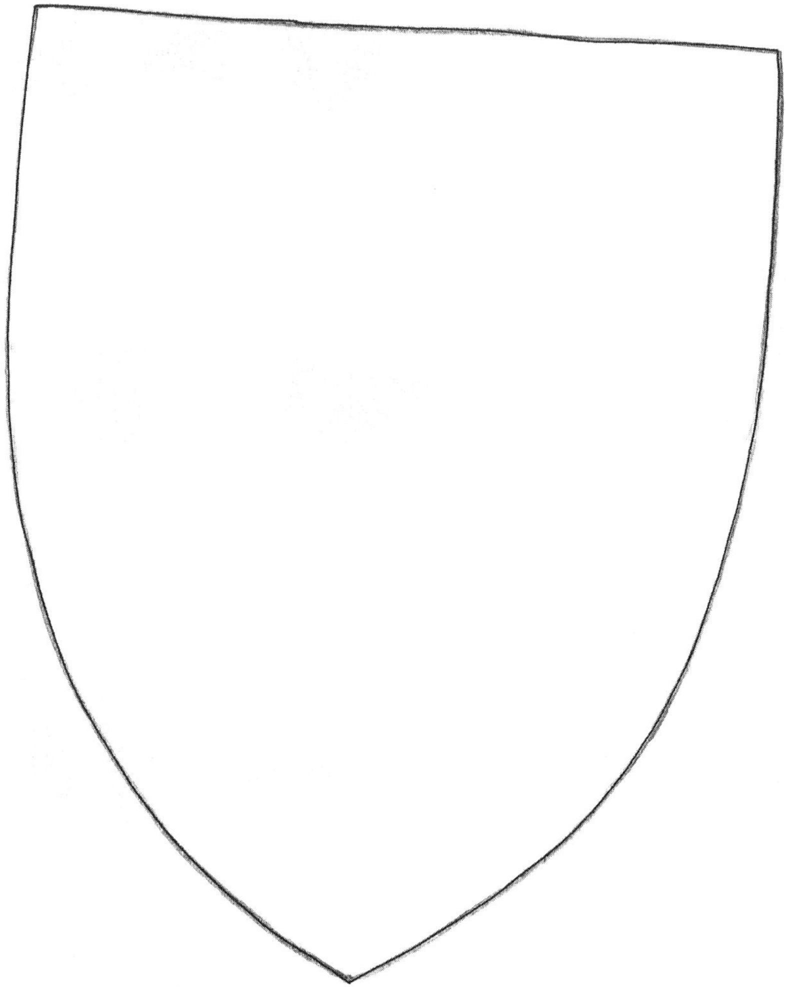

Male dir selbst ein Wappen.

Ein Ritter

Ritter RABENSTEIN hat schwarze Haare.

Sein Waffenrock ist rot.

Zeichne sein Wappen.

Lies genau, und zeichne, was fehlt.

Ein Streitross

Das Pferd DRACHENTOD
hat eine gelbe Decke und einen lila Sattel.
Schreibe sein Namensschild.

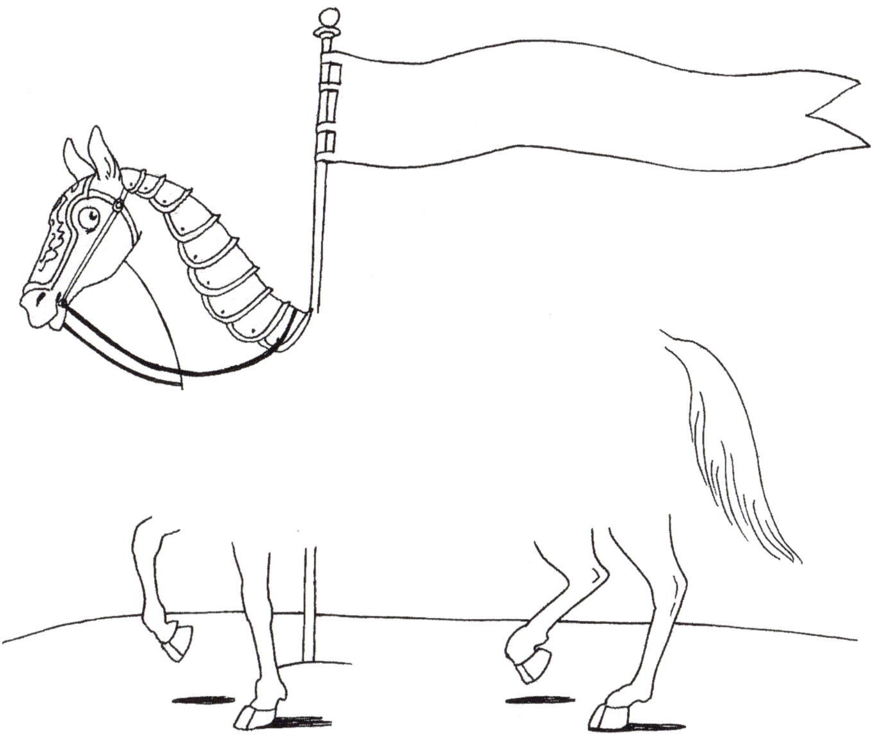

Lies genau, und zeichne, was fehlt.

Ein Rätsel

Der Ritter mit dem Helm heißt ROBO.

Der Ritter neben ROBO heißt RABO.

RABO hat eine Fahne.

RIBO trägt eine Lanze.

Lies das Rätsel.

Wie heißt jeder Ritter?

Schreibe die Namen zu den Rittern.

Ein Rätsel

Ein Pferd heißt TRUM.

Das Pferd TRAM trägt eine Rüstung.

TROM hat eine Karotte im Maul.

Lies das Rätsel.

Wie heißt jedes Pferd?

Schreibe die Namen zu jedem Pferd.

R wie Ritter?

X

die Pferde

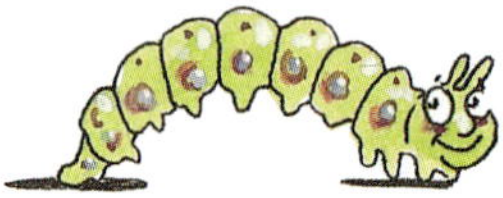

Wo hörst du **R**? Kreuze an.

Schreibe die Wörter auf.

R wie Rot

Suche alle **R** und **r.**

Schreibe sie rot nach.

Wie viele **R** sind es? ☐

Wie viele **r** sind es? ☐

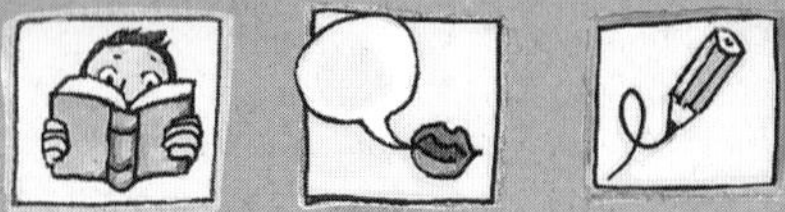

Ritter-Zungenbrecher

Ritter Richard rettet reiche Reiter.

Reiche Reiter rettet Ritter Richard.

Umkreise immer das **R** und das **r.**

Schreibe den Zungenbrecher auf.

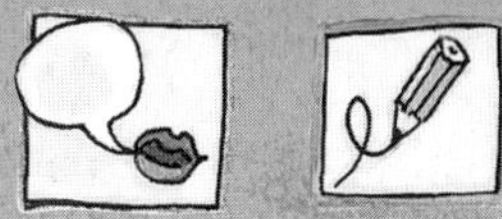

A O B P M W R

Erfinde eigene Zungenbrecher mit dem
Anfangsbuchstaben deines Namens!
Sprich sie schnell!

Was stimmt?

Der Ritter ist mutig / ängstlich .

Der Knappe ist jung / alt .

Der Fürst ist arm / reich .

Der Ritter hat einen Helm / Hut .

Der Ritter kämpft mit einem Gewehr / Speer .

Lies und male die richtigen Wörter an.

Wo: vor – über – auf – neben?

Der Ritter sitzt ______ dem Pferd.

Sein Falke fliegt ______ den Bäumen.

Die Fahne flattert ______ dem Turm.

Der Bach fließt ______ der Burg vorbei.

Schau genau, lies genau, und schreibe.

Wie viele Helme?

Schau genau, und zähle.

Zeichne einen eigenen Helm.

Viele verschiedene Waffen

Wie viele gibt es?

Messer	Keulen	Lanzen*	Speere

Schau genau, und zähle.

*Lanzen haben einen Handschutz!

Viele verschiedene Formen

Kreise

Wie viele Formen findest du im Bild?

Zähle. Trage ihre Namen ein.

Mein Formenhaus

Zeichne die Burg weiter.

Ein Bilddiktat

Ein Ritter sitzt auf einem Pferd.

Das Pferd springt über einen Bach.

Im Bach schwimmen Fische.

Am Ufer steht ein Baum.

Lies erst genau, und male dann.

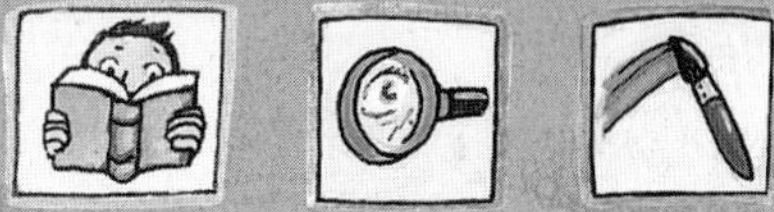

Noch ein Bilddiktat

Eine Burg steht auf einem Berg.
Die Burg hat einen Turm.
Auf dem Turm weht eine Fahne.
Auf der Fahne ist ein Rabe.

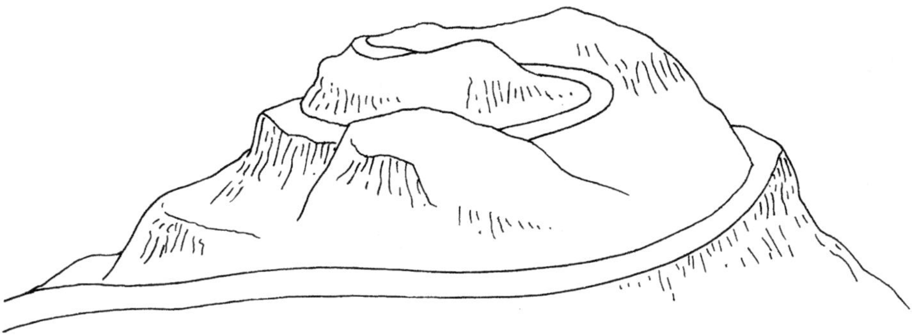

Lies erst genau, und male dann.

Ritter-Geheimnis!

Ritter LANZELOT zeigt seine Burg.
Da, eine Türe!
Mit drei Riegeln.
Und einem Knopf.
Was ist dahinter?
Ein Geheimnis?
Was mag es sein?

Meine Idee:

Was mag hinter der Tür sein?

Male und schreibe.

Die Türe öffnen

, Ö !

Sprich laut, was du siehst.

Notiere den ersten Laut.

Schreibe den Lösungssatz auf.

Der Ritter erzählt

Vor vielen Jahren
lebte auf der Burg RABENSTEIN
ein kleiner Ritter.
Das war ich!
Ich heiße .
An einem warmen Sommertag
sollte ich zur LÖWENBURG reiten.
Da kam ich an einem kleinen Bach vorbei . . .

Wie heißt der Ritter?

Was ist los?

1. Wo kommt der Ritter her:
   Von Burg Löwenstein? ☐ ja ☐ nein
2. Wohin soll er reiten:
   Zur Burg Rabenstein? ☐ ja ☐ nein
3. Kommt er an einem See vorbei? ☐ ja ☐ nein
4. Kommt er an einem Bach vorbei? ☐ ja ☐ nein

Was ist richtig?

Kreuze an.

So war es einmal

Male ein Bild zur Geschichte von Ritter LANZELOT.

HILFE!

P R I N Z E S S I N

R O S A L I N D E

Der kleine Ritter LANZELOT entdeckt eine Nixe.

Wie heißt sie?

Löse das Rätsel, und befreie so die Nixe.

Wie geht die Geschichte weiter?

Male oder schreibe dazu.

Ein ritterliches Liebesgedicht

Dû bist mîn, ich bin dîn.
des solt dû gewis sîn.
dû bist beslozzen
in mînem herzen;
verlorn ist das sluzzelîn:
dû muost ouch immer darinne sîn.

Du bist mein, ich bin dein.
Dessen sollst du gewiss sein.
du bist verschlossen
in meinem Herzen;
verloren ist das Schlüsselein.
Du musst auch immer darinnen sein!

Lass dir das Gedicht vorlesen.
Lerne es auswendig.

Schöne Worte zu verschenken

Diese Worte möchte ich verschenken:

Lies und schreibe auf,
was dir am besten gefällt.

Leben in der Burg

der Sack

der Schmied

der Ritter

die Straße

das Fallgitter

die Fahne

Verbinde die Wörter mit den Bildern.

der Turm

das Gespenst

der Brunnen

die Kutsche

der Krug

Schreibe die Wörter selbst auf.

Der Ritter und sein Benehmen

Wie benimmt sich der Ritter?

Ist er: höflich/unhöflich/frech/hilfsbereit?

Schreibe das passende Wort unter jedes Bild.

So oder so?

Ist das: höflich/unhöflich/frech/hilfsbereit?

Schreibe auf, und male dich selbst.

Ritter singen Liebeslieder

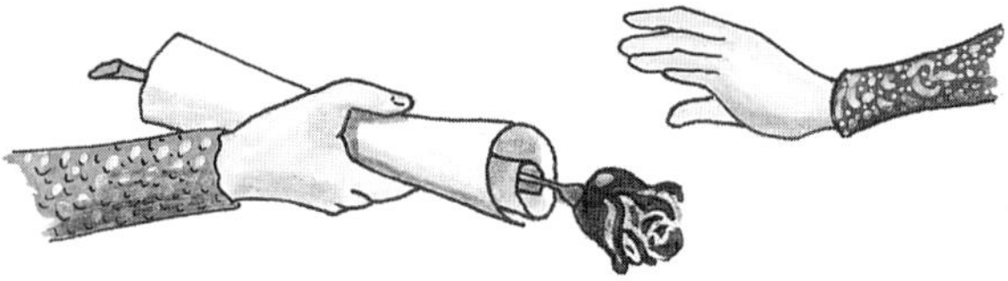

,

Ä

!

Sprich laut, was du siehst.

Notiere den ersten Laut.

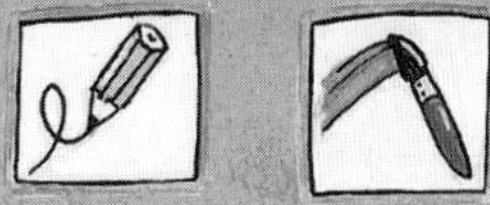

Weil du mich magst

Schreibe das Liebeslied in schöner Schrift auf.

Viele Ritter

Ich habe einen Brief.

Ich habe Federn am Helm.

Das ist meine Lanze.

Ich trage keine Waffe.

Mein Wappen zeigt einen Löwen.

Lies genau, und verbinde richtig.

Ritterwörter

Wie heißt die Burg von Ritter LANZELOT?

Burg

Lösungen:

Seite 8/9:

Seite 10/11:

Seite 12/13:

Lösungswort: RITTERBURG

Seite 17:

1 Ritter, 3 Wappen,

5 Schild, 3 Krug,

7 Schwert, 2 Rüstung

Seite 22:

Als er Knappe wurde, war der Ritter 14 Jahre.

Seite 25:

Seite 26:

Die Ausbildung zum Ritter dauerte 14 Jahre.

Seite 28/29:

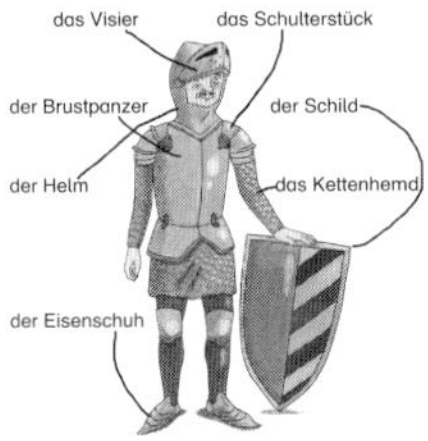

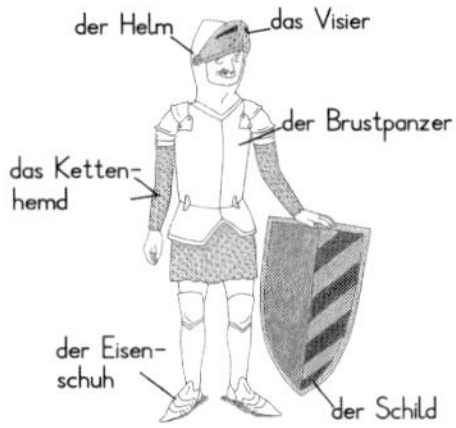

Seite 30/31:

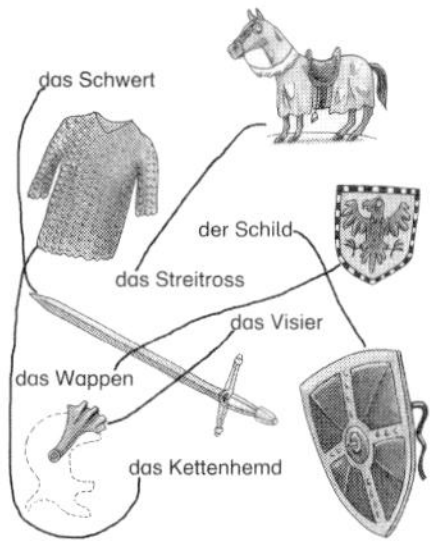

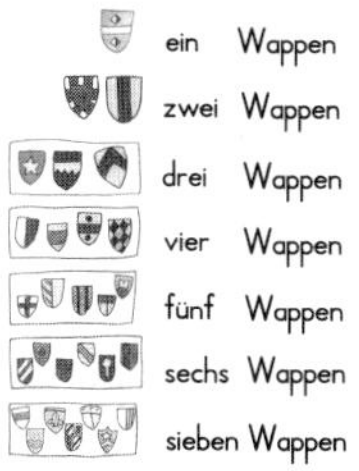

Seite 32/33:

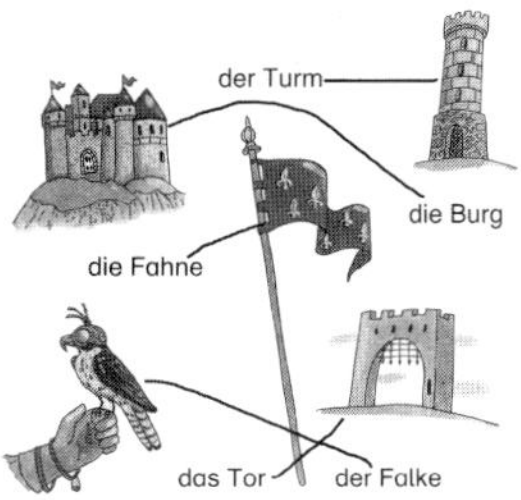

Seite 34:

Seite 38:

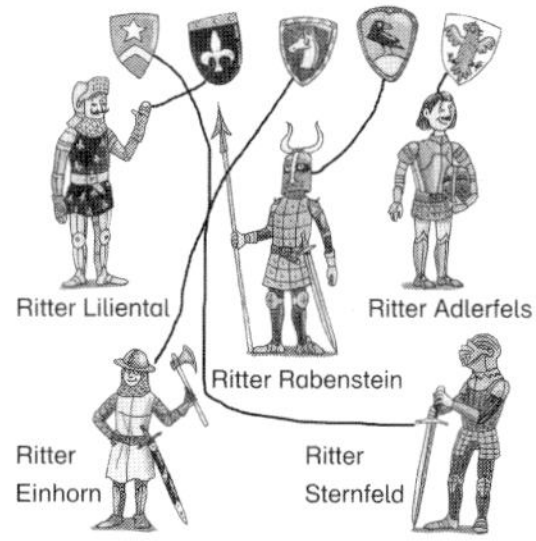

Seite 40/41:

Seite 42:

RABO/ROBO/RIBO

Seite 43:

TROM/TRUM/TRAM

Seite 44/45:

Es sind 8 R und 7 r.

Seite 46:

Ritter Richard rettet reiche Reiter.
Reiche Reiter rettet Ritter Richard.

Seite 48:

mutig/jung/reich/Helm/Speer

Seite 49:

auf/über/neben/vor

Seite 50:

Seite 51:

9 Messer

4 Keulen

5 Lanzen

6 Speere

Seite 52:

4 Kreise
6 Dreiecke
3 Rechtecke
7 Quadrate
1 Halbkreis

Seite 54/55:

Seite 58:

SESAM, ÖFFNE DICH!

Seite 59:

LANZELOT

Seite 60:

1. nein, 2. nein,

3. nein, 4. ja

Seite 62:

PRINZESSIN ROSALINDE

Seite 66/67:

Seite 70:

WEIL DU MICH MAGST,
BIN ICH STÄRKER
ALS DER FEURIGSTE
DRACHE!

Seite 68/69:

Seite 72/73:

Hast du alle Sterne
in die Urkunde geklebt?
Dann kannst du jetzt
einen Erwachsenen bitten,
sie zu unterschreiben!

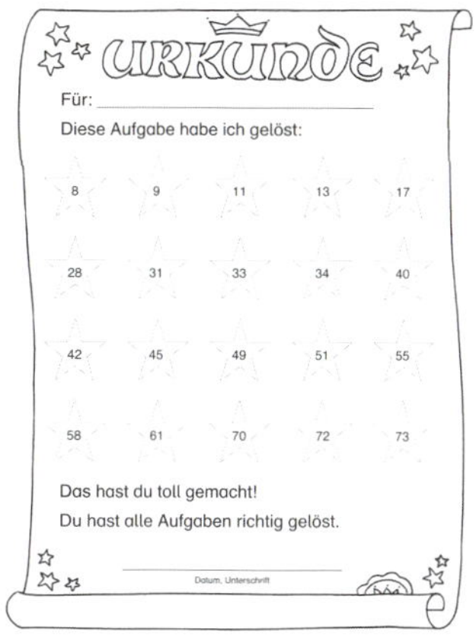

Liebe Eltern,

hier sehen Sie, welche wichtigen Grundlagen für das Lesen und Schreiben Ihr Kind auf welcher Seite dieses Buches übt:

Textnachweis:
S. 64 Liebesgedicht aus dem Mittelalter, unbekannte Dichterin.

In neuer Rechtschreibung

1. Auflage 2009

Text und Konzept: Barbara Sengelhoff
Illustrationen: Katja Wehner
Gesamtherstellung: Westermann Druck Zwickau GmbH
ISBN 978-3-401-09197-6

www.arena-verlag.de